不安全状態 →

↑

安全衛生管理上の欠陥

↓

不安全行動

不安全行動（人）
・歩きスマホをしている

×

不安全状態（物）
・通路に台車が放置されている

災害発生
台車につまずき、転倒

災害に遭わないため、
「不安全行動をしない」が重要！

それではさっそく、
「やってはいけない不安全行動」
ワースト 10 を見ていきましょう。

①確認しないで次の動作をする

- 繰り返しフォークリフトのパレットに荷を積んでいて、フォークリフトがまだいると思い込んでいた
- 作業の量が多く、焦っていた

フォークリフトがいないところに荷を置こうとして、**転落**

他にも……
- 共同作業者に確認せずに機械のスイッチを入れる
- 通電がないことを確認（検電）せずに電線に触れる
- 炉内のガス状態を確認せずに再点火し、爆発　など

②動いている機械等に接近する・触れる

- 旋盤の回転部近くに工具を落とし、機械を止めずに拾おうとした
- 回転部に袖が引っかかった

旋盤の回転部に接近し、巻き込まれ

他にも……
- 作業中のクレーンの旋回範囲内に入り接触
- 動いているように見えない低速回転のロール機に接触し、巻き込まれ　など

③物の持ち方、かつぎ方を誤る

・腰を落とすのが面倒で、いつも中腰で持ち上げていた
（いままでは大丈夫だった）

段ボール箱を中腰の姿勢で持ち上げ、**腰痛**

他にも……
- 長い板材を肩にかつぎ、ふらついて、転倒
- 物を持ってはしごをのぼり、バランスを崩し、墜落
- 思ったより重かったので荷を持ち上げきれず、足の上に落とす　など

④運転したまま機械等の掃除・点険を行う

・動いているベルトコンベヤのプーリーのゴミをブラシで取ろうとした
・ブラシが巻き込まれた際、反射的に握ってしまった（人間の特性）

コンベヤのゴミを除去しようとし、腕を巻き込まれ

他にも……
● 自動プレス機が材料の位置ズレで止まったので柵の上から手を入れて直したところ、突然プレスが動き指をはさまれ
● ボール盤のドリルに切粉が巻きついたので回転させたままハケでとろうとして巻き込まれ　など

⑤上り方、下り方を誤る

・「そんなに高くないから大丈夫」と油断していた
・職場のみんなが前を向いて下りていた

脚立を前向きに下り、足を踏み外して**転落**

他にも……
● 階段を駆け下りていて、足首をひねり捻挫（ねんざ）
● 昇降階段が遠かったので、近道をしようと足場の外側をよじ上ろうとして踏み外し、墜落　など

⑥不安全な場所に乗る

・気を付けてやれば大丈夫だと思った
・高さ2m未満でも落ちると危険だと知らなかった

他にも……
● スプリングキャスター付き踏み台から機械の上に移ろうと片足を乗せた時、踏み台が動いて落ちる
● スレート屋根上で歩み板のない部分を歩き、踏み抜き、墜落　など

⑦物の押し方、引き方を誤る

・方向転換が面倒で、少しの距離だからと横着した

他にも……
- 平台車を蹴って動かしたところ、足が乗ったまま平台車が大きく滑っていき、転倒
- カゴ台車（ロールボックスパレット）の端を持って移動中、壁との間に手をはさむ　など

⑧物のつかみ方が確実でない

・運ぶだけだから簡単だと油断した
・考え事をしていて、握り方がゆるくなった

手がすべり、ワーク(加工物)で指をはさむ

他にも……
● アルミ板を運ぶ際、すべり落とした拍子に手を切る
● 足場上の人から塗料缶を受け取ったところ、手がすべり足の上に落とす　など

⑨不意の危険への対策をしない

・電源を切れば機械が動くことはないと思い込んでいた

油圧プレスの点検作業中、スライドが下降し、はさまれ

他にも……
- 修理中の表示をしないで作業中、同僚がスイッチを入れたため機械が動き出し、巻き込まれ
- サイドブレーキと輪止めを忘れて車両が動き出し、止めようとして、全身をはさまれ　など

⑩つり荷に触れる・下に入る・近づく

・作業の量が多く、つり方が不適切で、荷が傾いた
・できるだけそばで操作しようとつり荷の下に入った

つり荷の下に入ったところ、落下してきて、下敷きに

他にも……
● 地切り直後に荷が大きく振れ、トラックとの間にはさまれ
● ペンダントスイッチを誤操作し、握ったワイヤが張り、荷とワイヤの間に指をはさまれ　など

べからずからこうするへ

　ケガを防ぐためには「ケガをしやすい作業方法」をやめることが第一です。しかし、それだけでは災害のすべてを防ぐことはできません。今日正常に作動していた機械が明日も正常に作動すると言い切れるでしょうか？　また、同僚がいつもとは違う動きをする可能性もあります。

　より安全な作業のために、どうすればいいか見てみましょう。

決められた作業手順を確認し、守る

　作業を安全に、効率よく行うために、作られているのが「作業手順書」です。作業手順書には、作業の手順ごとに、注意すべき点や具体的な方法が書かれています。

危険予知(KY)活動に積極的に参加する

　作業にひそむ危険を話し合って洗い出し、対策を考え、指差し呼称の内容を決めてみんなで実行する活動です。危険感受性を高め、安全作業の実践に結びつきます。

ヒヤリハット体験を共有する

　作業の中でケガをしそうになってヒヤリとしたりハッとしたことがあれば、ヒヤリハットを報告しましょう。重要なヒヤリハットは、作業手順書の改善にもつながります。